TINKERBRAIN

UNGEWÖHNLICHE EXPERIMENTE

WIE ATMEN REGENWÜRMER?

BELTZ & Gelberg

EINFACH LOSLEGEN ?

Klar! Auf welche Idee hast du Lust? Suche das Material zusammen und fang an. Fertig? Mach ein Foto davon und schick's deinen Freunden!

Wichtig: Gib nicht auf, falls es nicht sofort klappt.

WAS STEHT WO?

„Wie mache ich Kunst mit einem Föhn?" Lenn, 10 Jahre

12

13

Das brauchst du zum Wachsmaler föhnen:

Wachsmaler

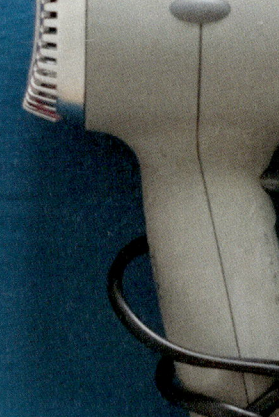

Klebeband

Föhn

weißes Papier

Zeitung

So geht's:

1. Werkstatt kleben.

2. Wachsmaler auf Papier befestigen.

3. Papier aufhängen.

4. Föhnen.

16

„Wie funktioniert die Lunge?"

Felicia, 9 Jahre

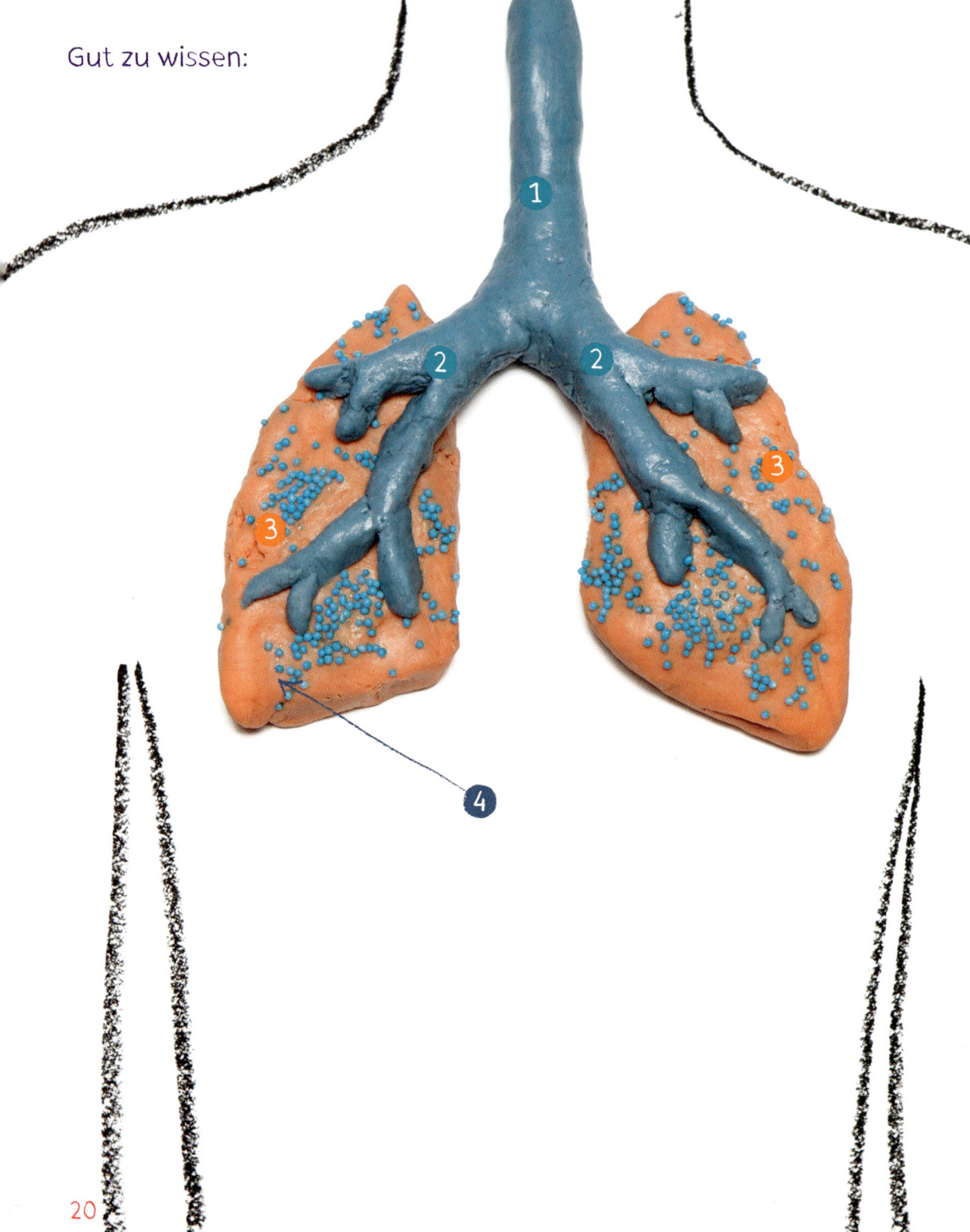

Atmen kann man nicht vergessen.
Das macht die Lunge automatisch –
wie eine Maschine.

Beim Einatmen kommt Luft durch die
Luftröhre **1** über die Bronchien **2**
in die Lunge **3**. Von dort wandert
sie weiter in die Lungenbläschen. Die
Wände der Lungenbläschen **4**
sind so dünn, dass die kleinen
Sauerstoffteilchen aus der Luft
hindurchwandern können. Dann
werden sie von den Blutgefäßen
aufgenommen. Aus dem Blut zurück
kommt ein Stoff, der Kohlendioxid
heißt. Der wird beim Ausatmen aus
dem Körper entfernt.

Das brauchst du, um ein Lungenmodell zu bauen:

2 kleine Luftballons
Die Enden oben knapp
abschneiden.
→ Lungenflügel

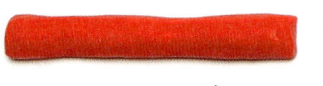

Knete

1 Plastikflasche
Die untere Hälfte
abschneiden.

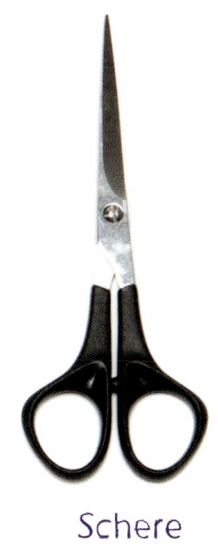

Schere

Pflaster

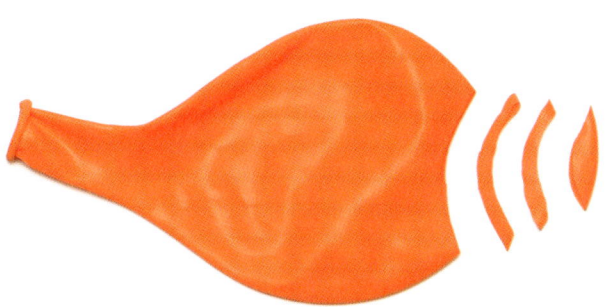

1 großer Luftballon
Vorsichtig an der runden Seite passend
schneiden.

2 Trinkhalme
→ 2 Bronchien

So geht's:

1. Klebe jeweils einen Lungenflügel an eine Bronchie.

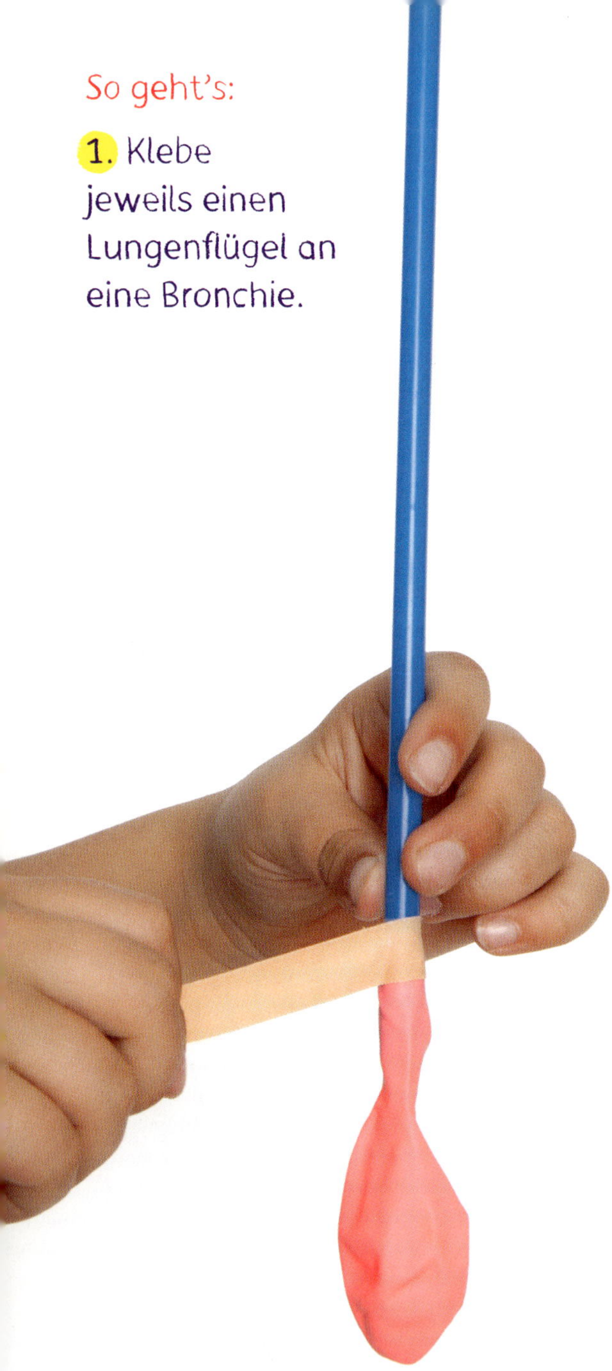

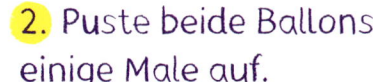

2. Puste beide Ballons einige Male auf.

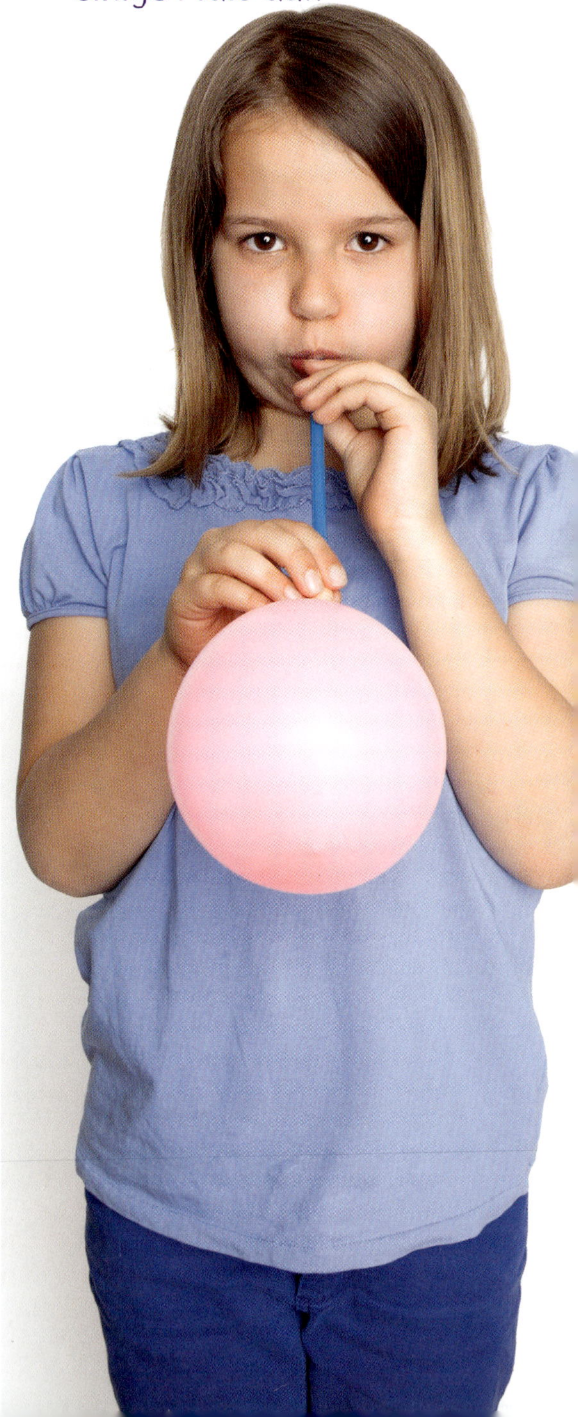

3. Dann die Lungenflügel in die Flasche stecken. Die Öffnung rund um die Halme mit Knete gut abdichten.

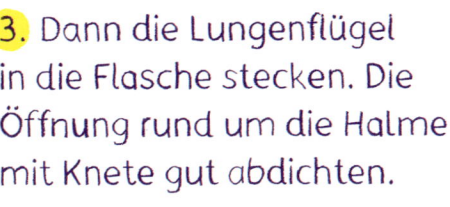

4. Den großen Ballon mit der abgeschnittenen Seite über die Flasche ziehen.
Los geht's: Wenn du unten ziehst, blähen sich die Ballons wie Lungenflügel beim Einatmen auf.

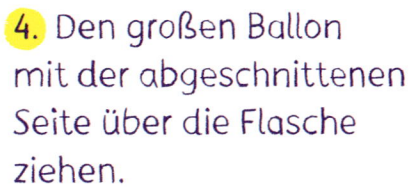

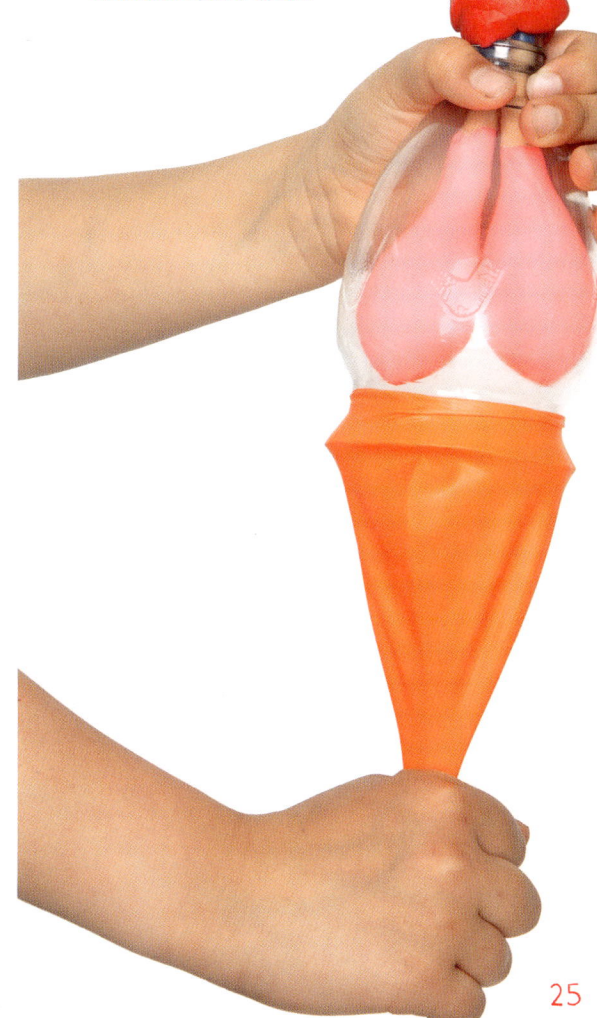

„Wie baue ich ein Bett aus Luftballons?"

Ole, 7 Jahre

26

Greta, 6 Jahre, und Johanna, 8 Jahre

Olga, 6 Jahre

Bettbezüge

100 Ballons oder mehr

Luftballon-Pumpe

So geht's:

1. Die Ballons nicht ganz prall aufpumpen oder aufpusten. Du musst sie noch ein bisschen zusammendrücken können.

2. Bettbezug richtig schön voll mit Ballons stopfen. Bezug schließen. Und? Wer legt sich zuerst darauf?

„Wie mache ich leuchtende Sternbilder?"

Nelly, 9 Jahre

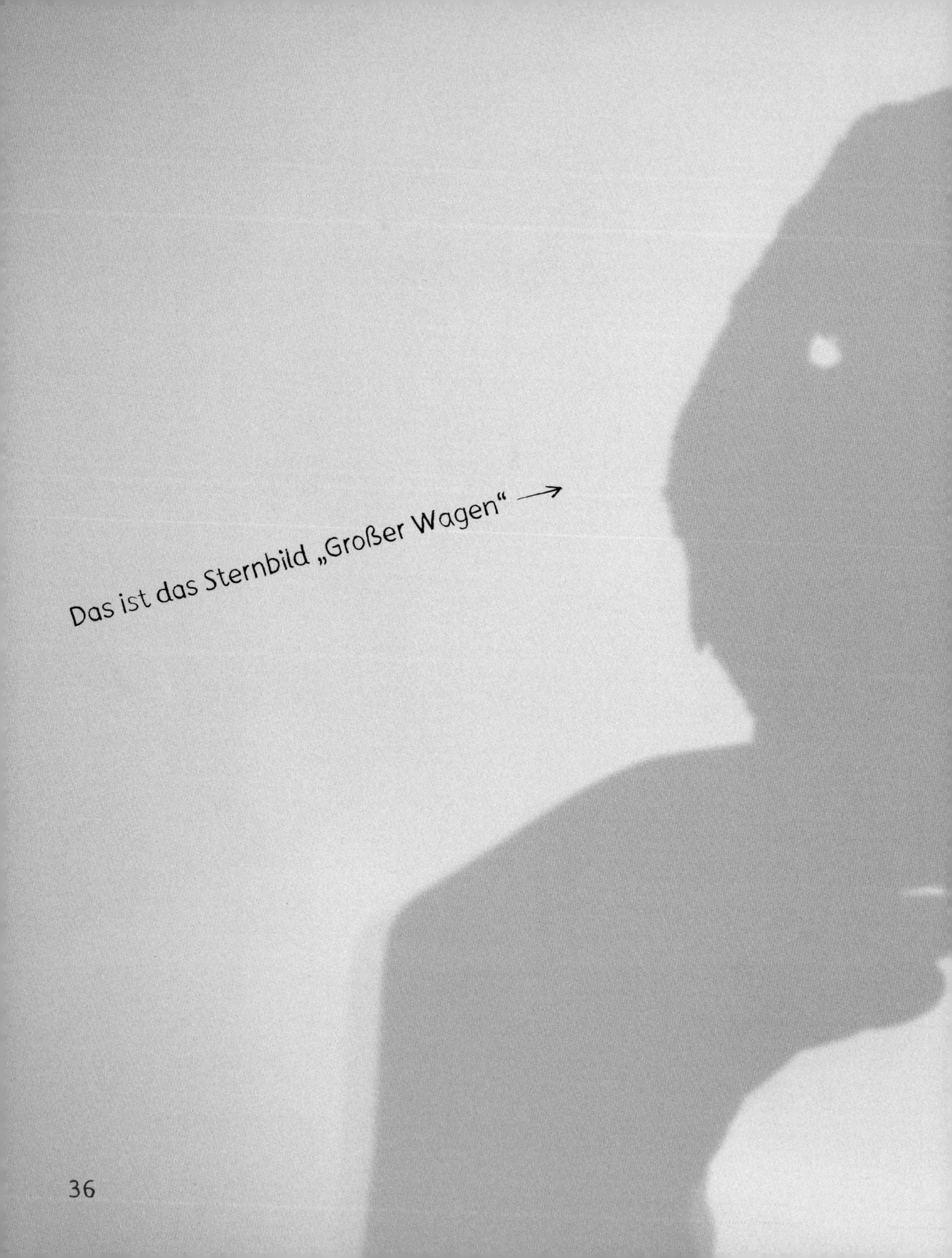

Das ist das Sternbild „Großer Wagen" →

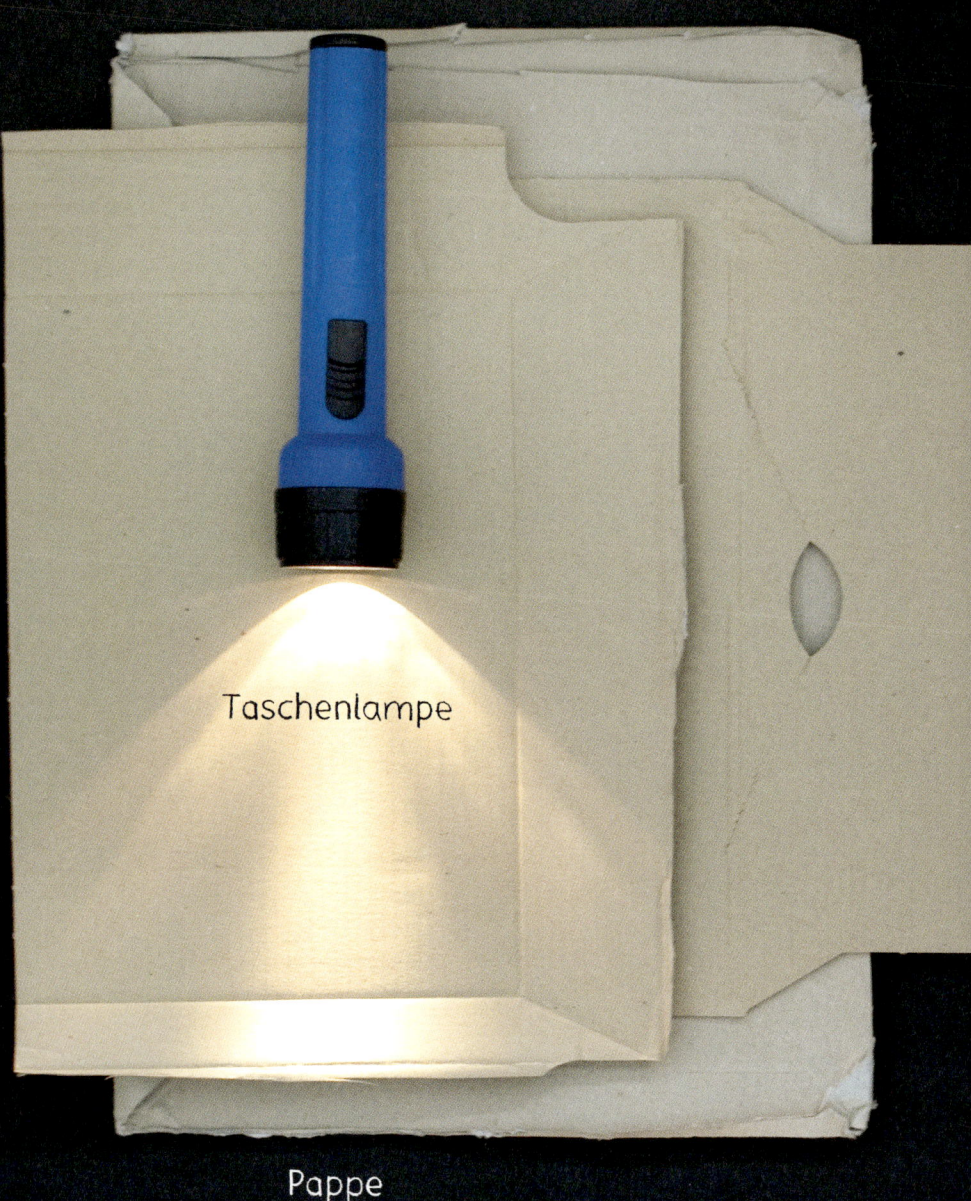

Taschenlampe

Pappe

Untertasse oder Becher

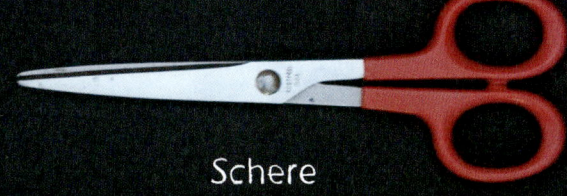

Schere

spitzer Stift

1. Einen Kreis auf die Pappe malen.

4. Punkte erst aufmalen. Dann in die Punkte mit dem Bleistift Löcher piksen.

40

5. Pappe umdrehen. Das Papier um die Löcher mit dem Daumen **zur** Seite drücken.

2. Ausschneiden und ein Sternbild aussuchen.

3. Hier siehst du zum Beispiel den Großen Wagen.

6. Jetzt brauchst du einen dunklen Raum. Richte das Licht der Taschenlampe auf deine Karte. An der Wand erscheint das Sternbild!

„Wie lasse ich Pflanzen ein Haus erobern?"

Levin, 11 Jahre

43

Außer einem großen Karton brauchst du viele Dinge. Zum Beispiel diese:

Verpackungen,
Bastelstäbchen,
leere Flaschen,
Plastikbecher

Papprollen

Feuerbohnen

Aluschale

46

Pflanzbehälter

Schere

Heißkleber

Blumensamen

Knete

Erde

Eierkarton

Hammer

So baust du ein grünes Haus:

1. Schneide in die vier Seiten des Kartons
Fenster, Türen, eckige, runde, oder ...

2. ... du baust ganz ungewöhnliche
Gegenstände an dein Haus. Mit Knete und
Heißkleber bekommst du alles fest.

3. Die oberen Kartonklappen nach innen drücken.

Markise:
Rechteckige Form in den Karton schneiden, hochklappen und mit einem Zahnstocher fixieren.

Rankhilfe:
Stäbchen und Knete miteinander verbinden. Diesen Stab vorsichtig in die Erde drücken.

4. Blumen pflanzen und in den Karton stellen.

5. Gießen: Die Pflanzen brauchen jeden Tag etwas Wasser.

49

„Wie atmen Regenwürmer?"

Ole, 9 Jahre

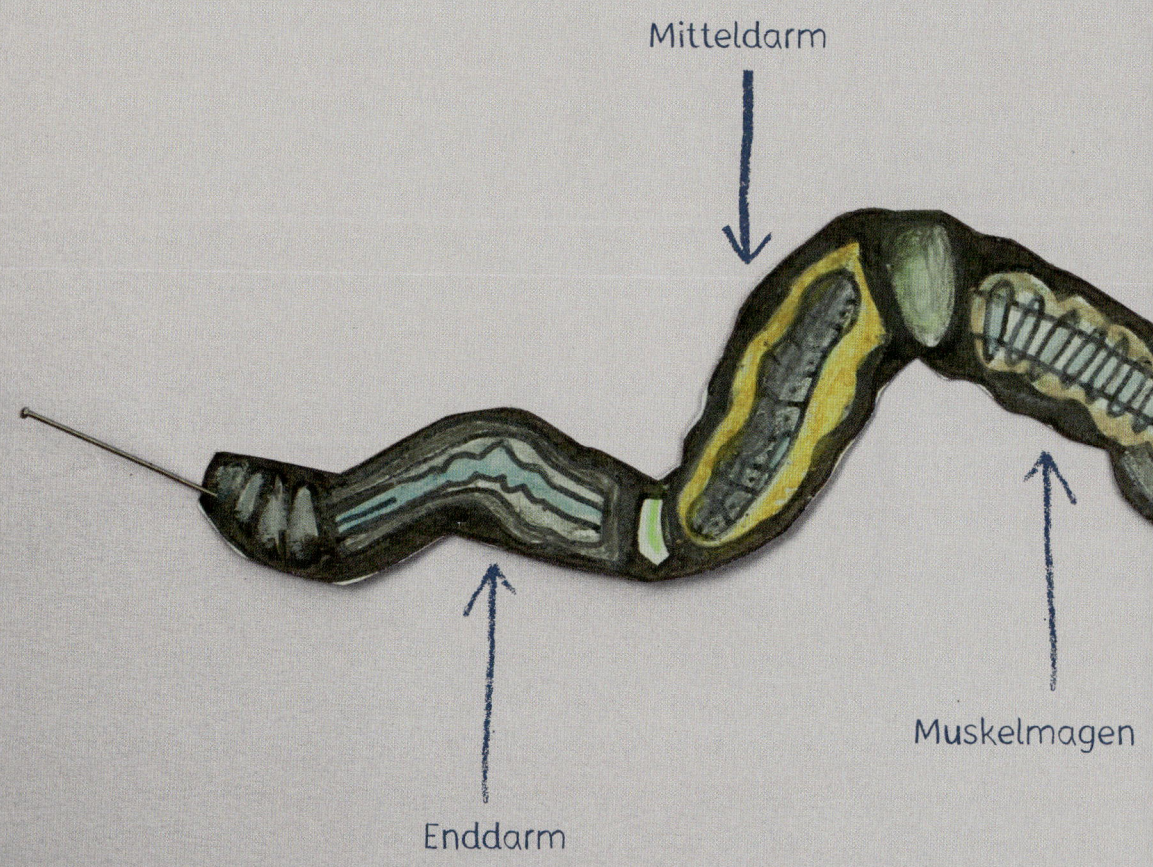

Mitteldarm

Muskelmagen

Enddarm

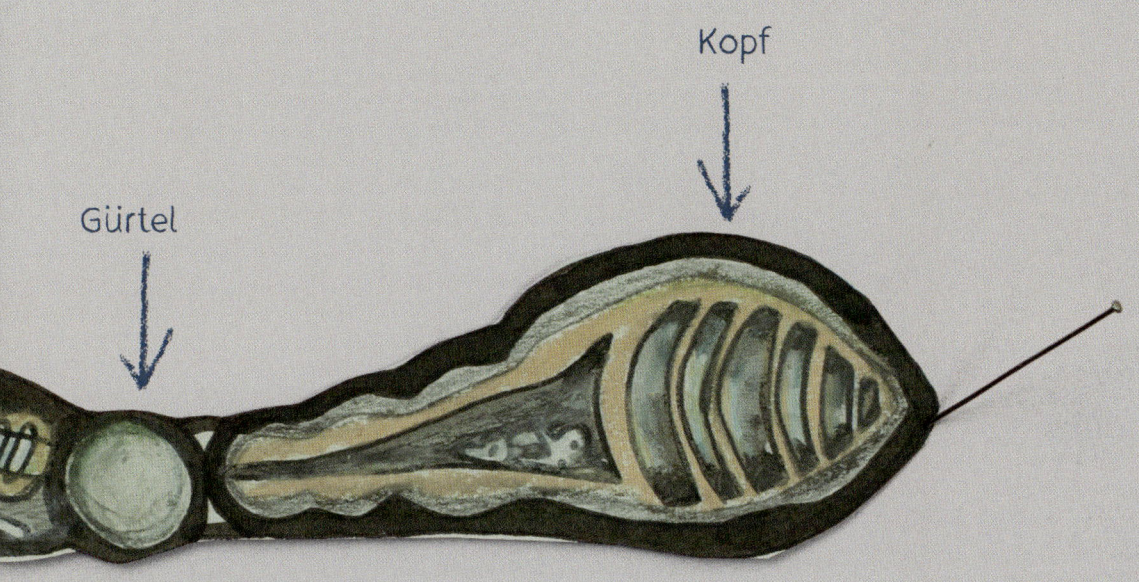

Kopf

Gürtel

Regenwürmer haben keine Nase und auch keine Lunge.
Sie atmen über ihre Haut. Der Wurm ist von einer dünnen
Schleimschicht umgeben. Sie hält die Haut feucht, und
der Sauerstoff aus der Luft bleibt daran hängen.
Durch die Haut gelangt der Sauerstoff in die darunter
liegenden feinen Adern. Über die Adern wird er mit dem
Blut im Körper verteilt.

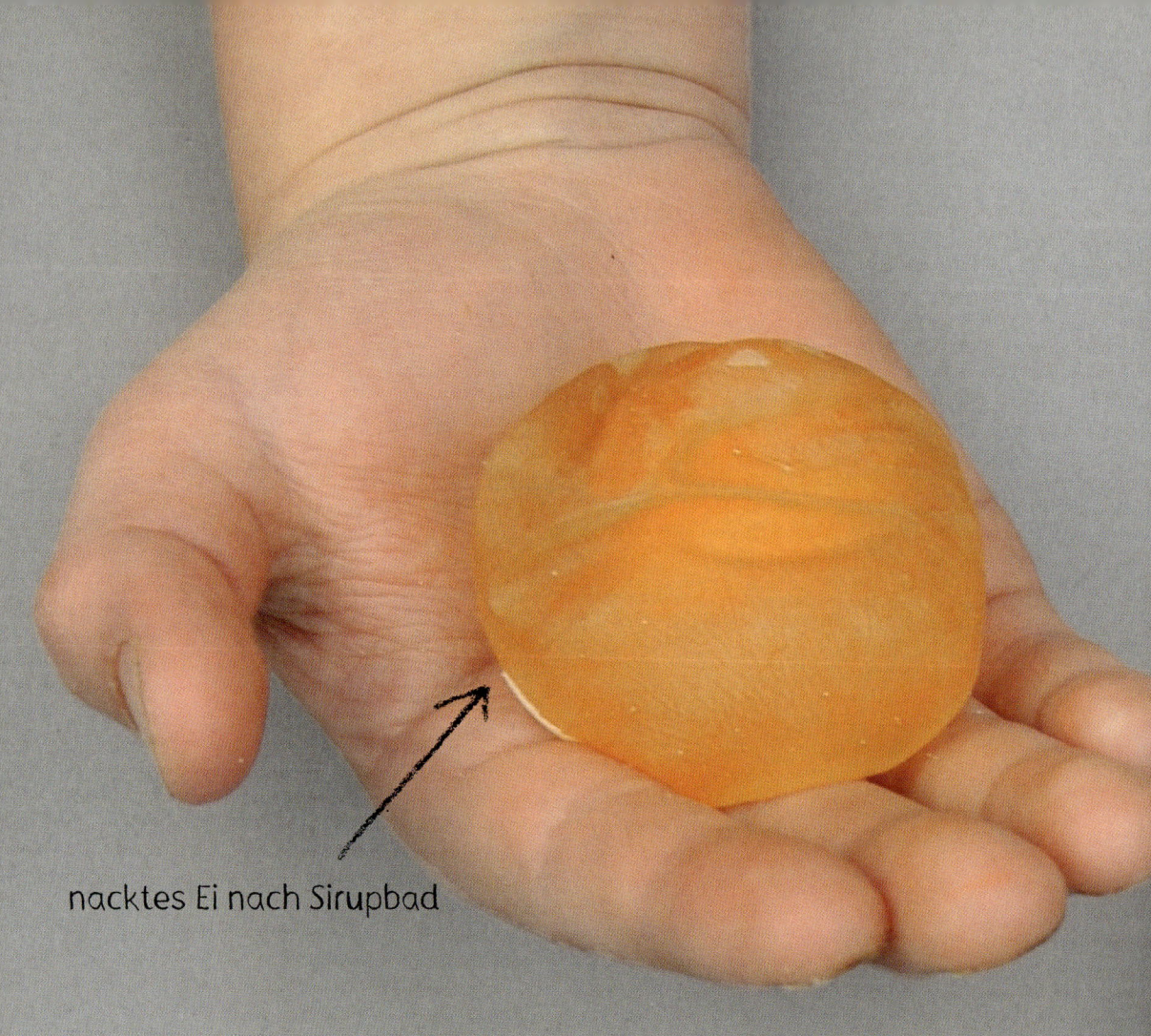

nacktes Ei nach Sirupbad

Entfernt man die Schale von einem rohen Ei, bleibt eine dünne, elastische Haut zurück. Die Haut ist dicht und gleichzeitig für Wasser durchlässig. Wenn man das Ei in einem Experiment in verschiedene Flüssigkeiten legt, kann man dabei zusehen, wie sich das Ei füllt und leert. Der Prozess ähnelt der Hautatmung des Regenwurms. Beim Ei kann das Wasser durch die Haut rein und raus, beim Regenwurm dringt Sauerstoff rein und Kohlendioxid tritt aus.

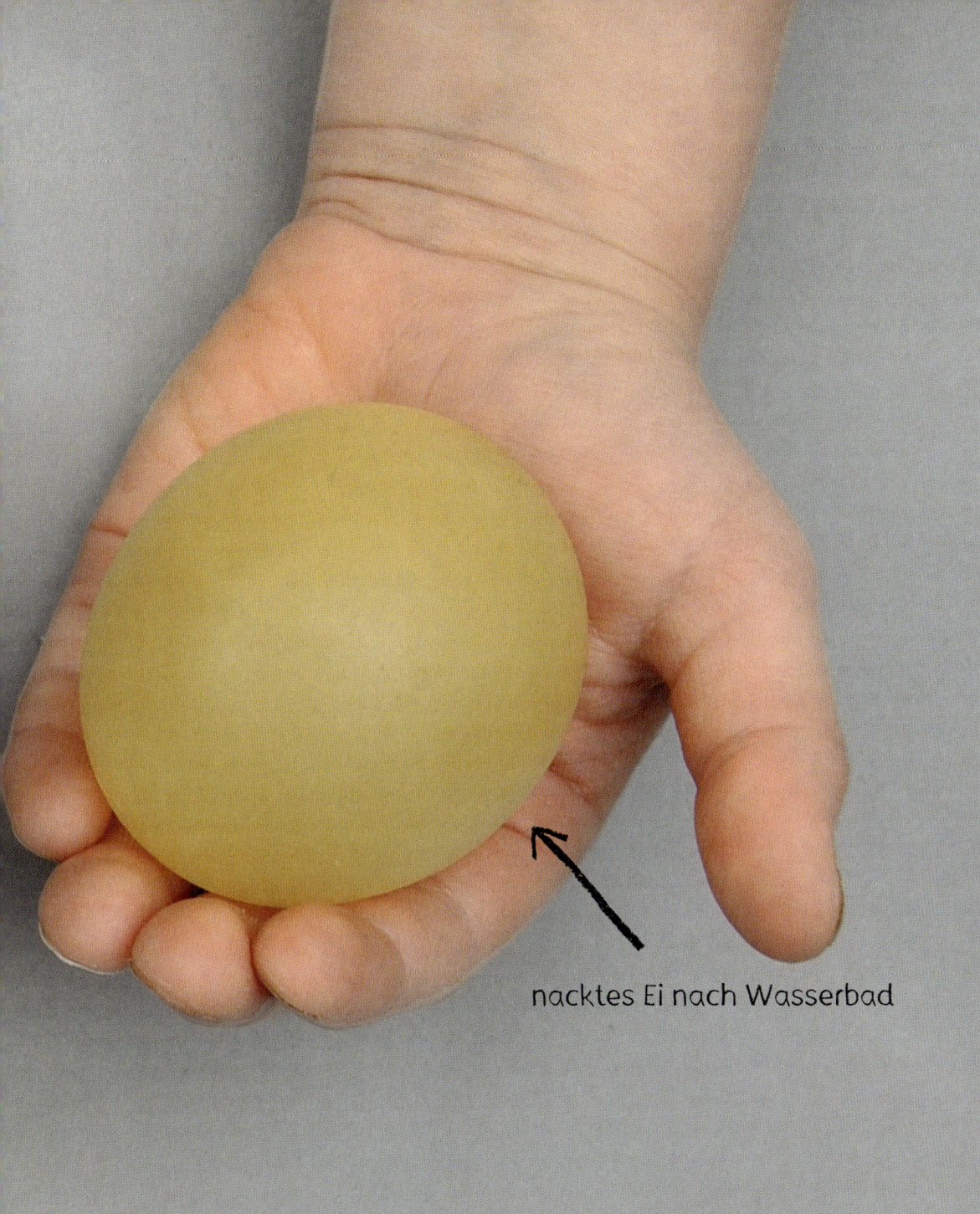

nacktes Ei nach Wasserbad

Wie wir Menschen atmen, erfährst du auf Seite 18.

Das brauchst du für ein Atmungsmodell:

Tipp: Führe das Experiment mit 2 Eiern
in 2 Gläsern durch. Dann hast du Ersatz,
falls ein Ei kaputt geht.

Esslöffel

Lebensmittelfarbe

1 großes Glas

1 Ei

Wasser

Obstessig

Sirup

55

Der Löffel hält das Ei unten.

1. Lege das rohe Ei 24 Stunden lang in Obstessig ein.

2. Wasche das Ei mit Wasser ab. Reibe dabei vorsichtig an der Schale.

5. Das mit Wasser abgespülte Ei zurück ins Glas legen. Sirup darüber gießen. 24 Stunden warten.

6. Sirup enthält viel Zucker. Um ihn zu verdünnen, hat der Sirup dem Ei Flüssigkeit entzogen. Es ist geschrumpft.

3. Lege das Ei noch einmal 24 Stunden in ein frisches Essigbad.

4. Die Schale hat sich aufgelöst. Jetzt ist nur noch die dünne Eihaut übrig.

7. Dann das Ei noch einmal 24 Stunden in Wasser plus Lebensmittelfarbe legen.

8. Das Modell zeigt es: Über die Haut kann Wasser hinein und wieder raus. So ähnlich funktioniert es auch mit der Luft beim Regenwurm.

Können auch Farbteilchen ins Ei eindringen?

Ja! Das Ei ist grünlich.

„Wie male ich meine Hände in 3D?"

Hildegard, 7 Jahre

60

61

Das brauchst du, um eine optische Täuschung zu malen:

Papier

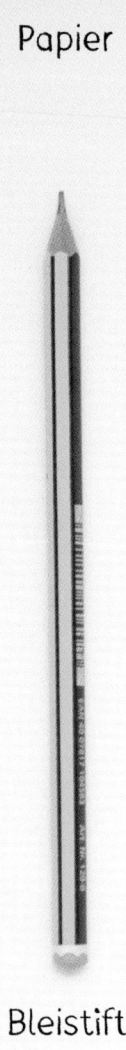

Bleistift

Filzstifte

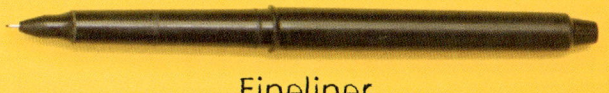

Fineliner

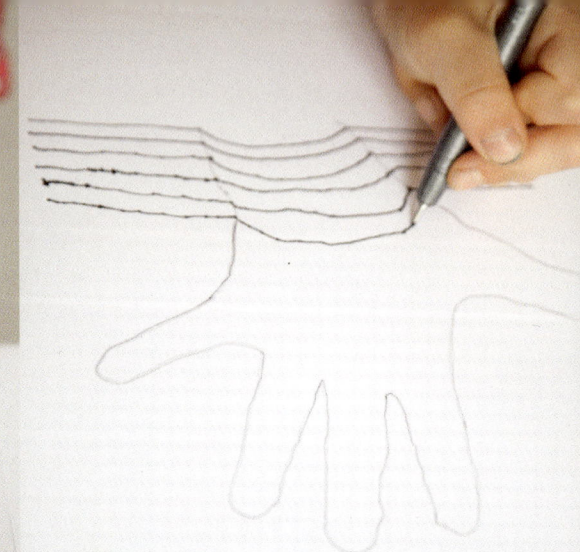

1. Zeichne mit dem Bleistift den Umriss deiner Hand.

2. Male mit dem Fineliner eine gerade Linie. Über die Hand hinweg malst du sie als Bogen. Danach malst du wieder eine gerade Linie.

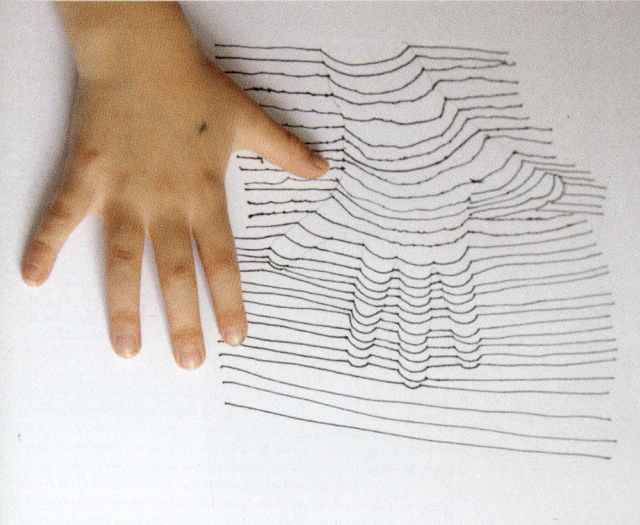

3. Wiederhole das, bis du oberhalb der Finger angekommen bist.

4. Du kannst die Zwischenräume in zwei oder vielen Farben anmalen.

„Wie spiele ich nachts draußen Bowling?"

Matti, 6 Jahre

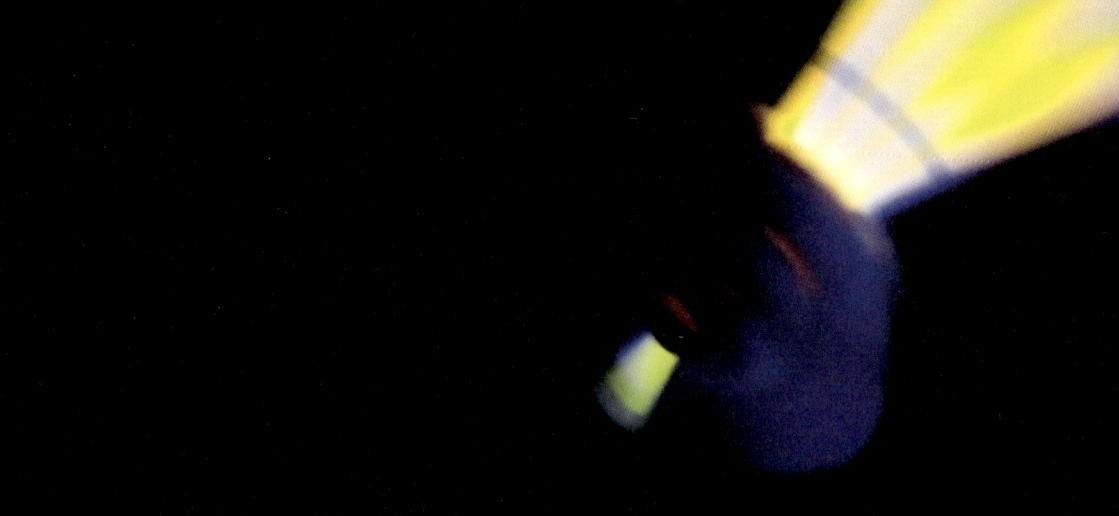

Knicklichter

Wasserfarbe

Pinsel

Ball

10 Wasserflaschen

1. Wasserfarbe aussuchen.

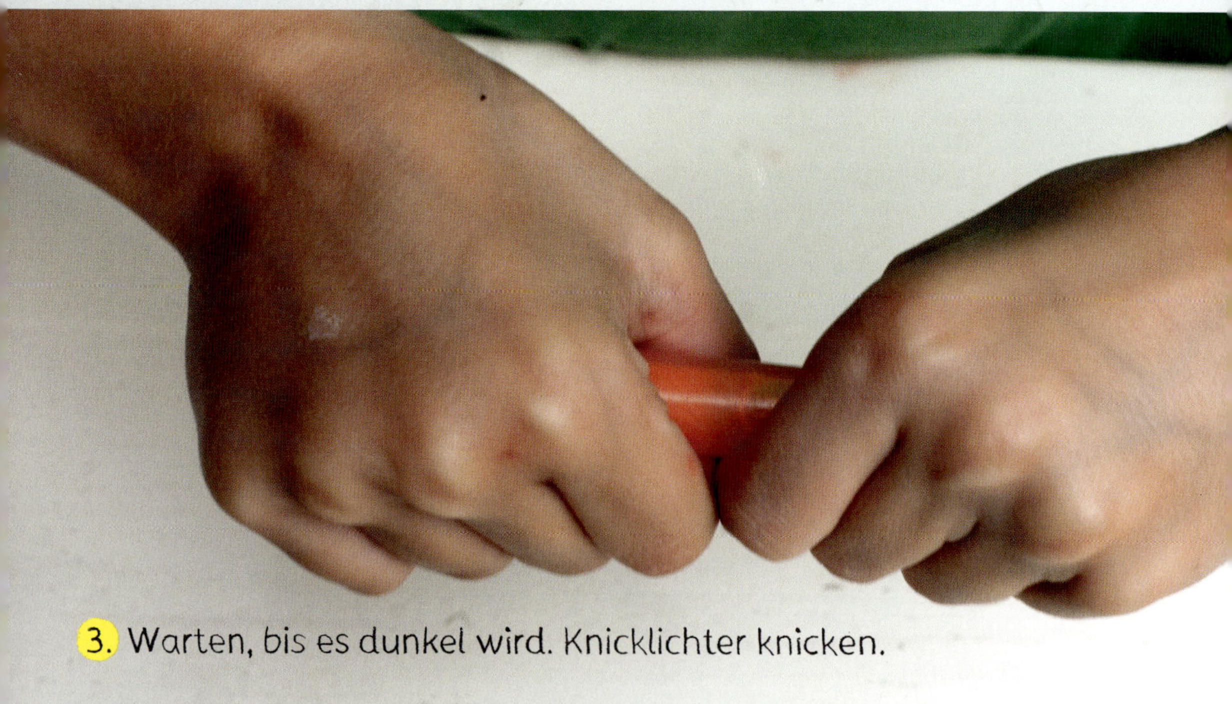

3. Warten, bis es dunkel wird. Knicklichter knicken.

2. Wasser färben.

4. Knicklichter ins Wasser plumpsen lassen. Flaschen gut zudrehen. Aufstellen und losbowlen.

„Wie lasse
ich Muscheln
verschwinden?"

Hanno, 6 Jahre

Sauberes Wasser!

Hier verändern sich
die Muscheln nicht.

Saures Wasser!

Wie der Regen kann
auch das Meer durch
Luftverschmutzung
sauer werden. Und
die Säure greift die
Muschelschalen an.

77

Muscheln

1 Glas Obstessig   1 Glas Wasser

1. Lege gleich viele
Muscheln in jedes Glas.

2. Was passiert? ⟶ Beobachte ein paar Minuten lang beide Gläser. Und wie sehen die Muscheln am nächsten Tag aus? Und wie nach zwei Tagen?

„Wie mache ich essbare Comicfiguren?"

Kian, 7 Jahre

84

Das brauchst du für leckere Pixel-Helden:

Weingummi

Feta

Cracker*

Fleischwurst*

Lakritzkonfekt

Apfel

Pflaume

Paprika*

Tomate*

Möhre

Paprika

Für Darth Vader* und Super Mario* brauchst du nicht
viele Farben. Diese bunte Palette hilft dir jedoch dabei,
jede deiner Lieblingsfiguren in Pixel zu zerlegen.

Apfel

Apfel

Paprika

Gurke

Weingummi

Lakritzkonfekt

Pumpernickel*

Weingummi

salziges Lakritz*

Lakritzstange*

Lakritz*

Lakritz

Oliven

So geht Darth Vader:

1. Raster aufmalen. Ein Kästchen hat 1 x 1 cm.
2. Zur Probe erst die Kästchen bunt anmalen.

88

So geht Super Mario:

3. Lebensmittel nach Farben und Geschmack aussuchen.
4. Pixel schneiden.
5. Pixel-Figur legen.

„Wie baue ich mit Papprollen eine Murmelbahn?"

Tom, 7 Jahre

Heißkleber

Holzstäbchen

Schere

Blumenpalette als Baugrund

viele Papprollen in allen Größen

1. Grundgerüst: Einen Punkt Heißkleber in die Mitte eines Stäbchens setzen.

2. Dann ein zweites Stäbchen zum Kreuz daraufkleben.

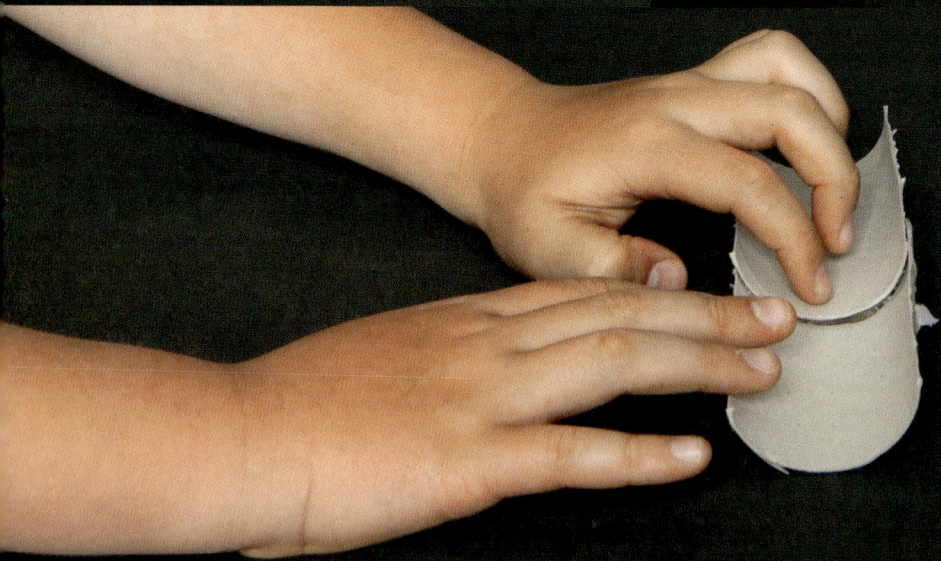

3. Bahn: Papprollen mit der Schere längs halbieren und aneinanderkleben.

4. Einwurf: Schneide ein Loch für die Murmeln in eine Papprolle. Zwei Stäbchen vor der hinteren Öffnung verhindern, dass sie rausspringen können.

5. Träger: Klebe viele Kreuze aneinander.

6. Verstärker: Klebe einzelne Hölzer zusammen.

7. Kurven: Klebe die Papprollen so schräg ineinander, dass ein Bogen entsteht.

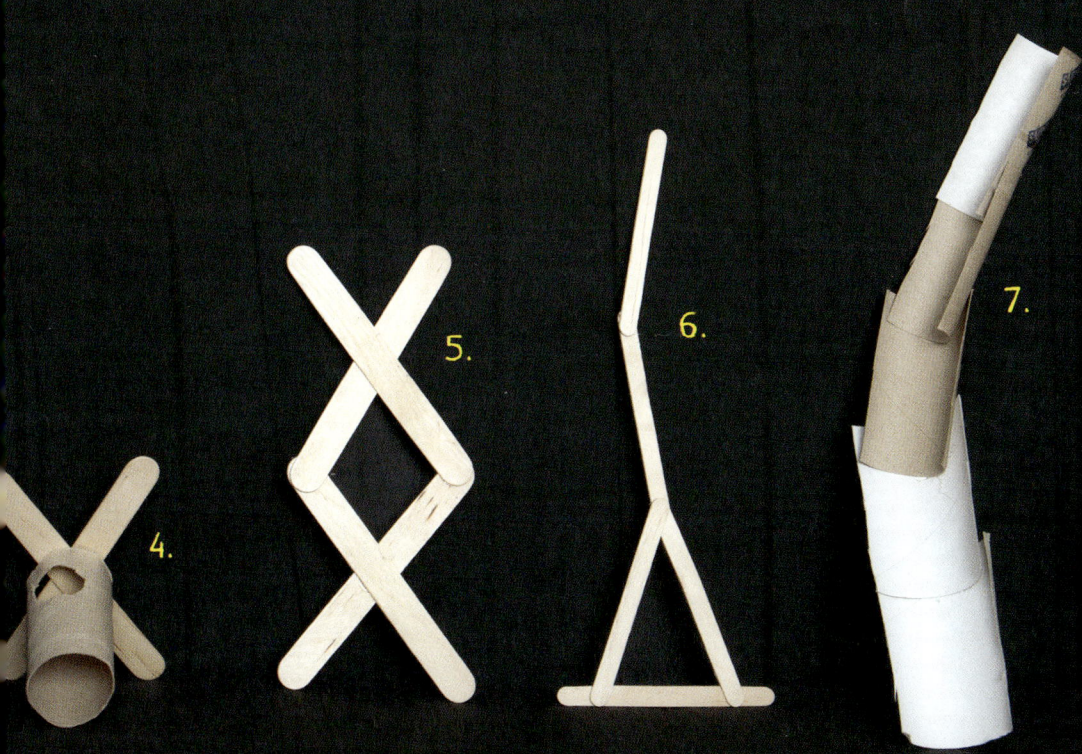

4.

5.

6.

7.

„Wie fährt ein Auto mit Luftballonantrieb?"

Hannes, 9 Jahre

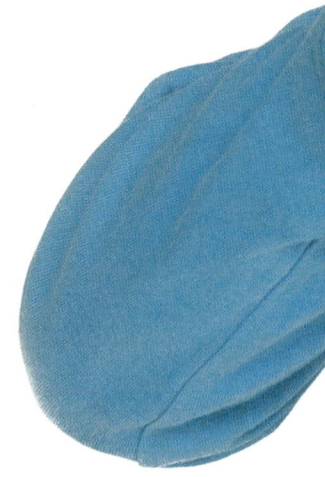

Das brauchst du für ein Auto mit Ballonantrieb:

1 Stück Wellpappe
(etwa 15 x 30 cm)

4 gleich große
Plastikdeckel

2 Marshmallows

Schere

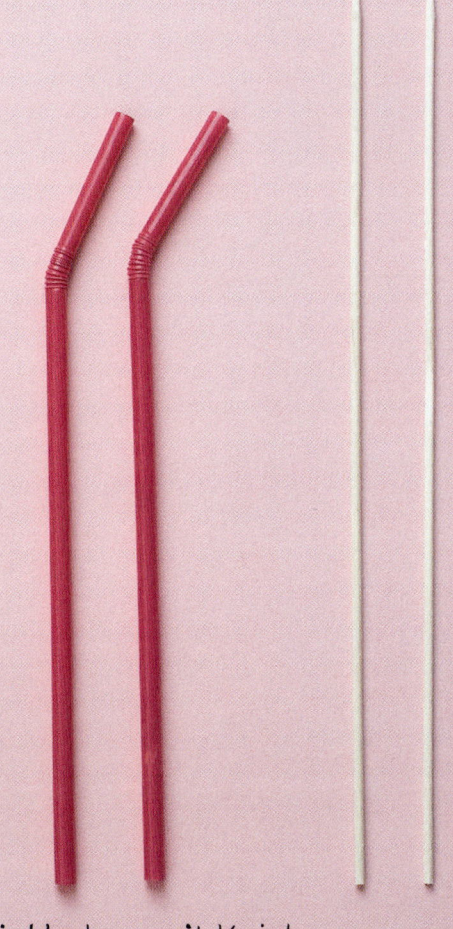

2 lange
Holzstäbchen

2 Trinkhalme mit Knick

1 Ballon

Klebeband

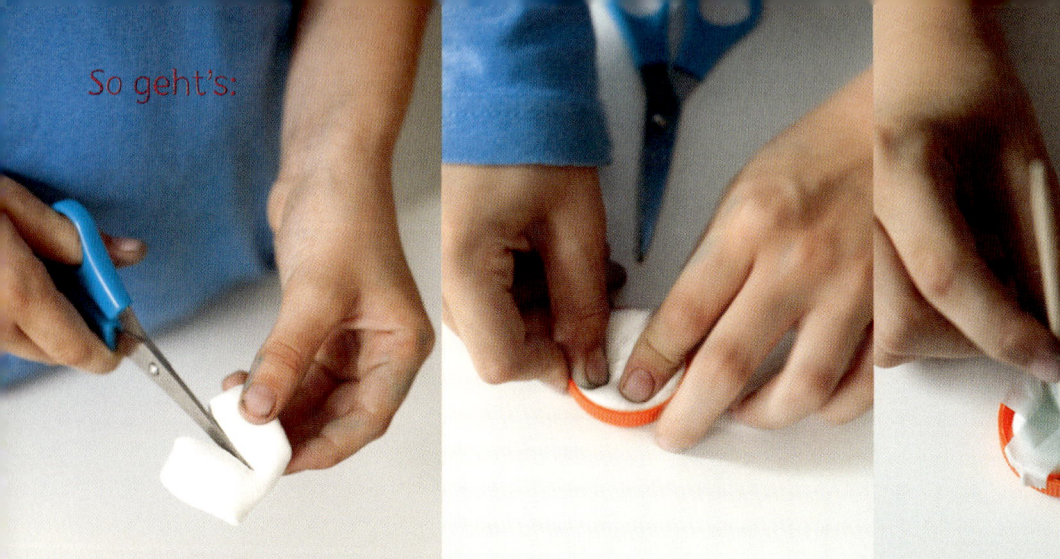

1. Räder: Zwei Marshmallows halbieren.

2. Jeweils eine Hälfte in einen Deckel quetschen.

3. Mit Klebestreifen ein Kreuz kleben. Ein Loch in die Mitte piksen.

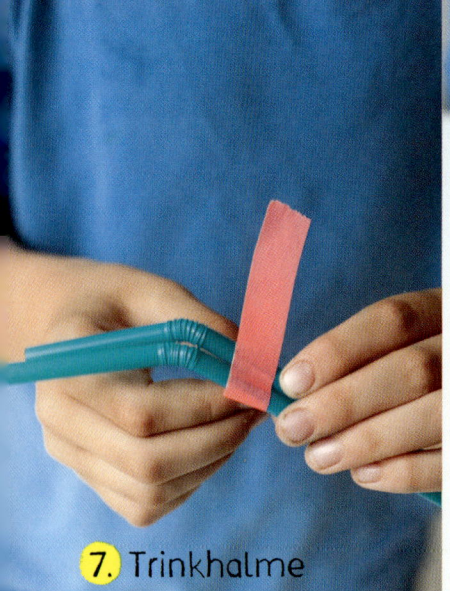

7. Trinkhalme hinter dem Knick zusammenkleben.

8. Luftballon über das andere Ende der beiden Trinkhalme ziehen. Festkleben.

9. Trinkhalme auf die Pappe kleben. Ballon aufpusten.

4. Achsen: Zwei Stäbchen durch dasselbe Loch der Pappe schieben.

5. Ein Stäbchen wieder rausziehen. Schritt 4 und 5 am anderen Ende der Pappe wiederholen.

6. Die vier Räder auf die Holzstäbe stecken.

10. Umdrehen und lossausen lassen.

„Wie wird aus einem Ei ein Dampfschiff?"

Aaron, 8 Jahre

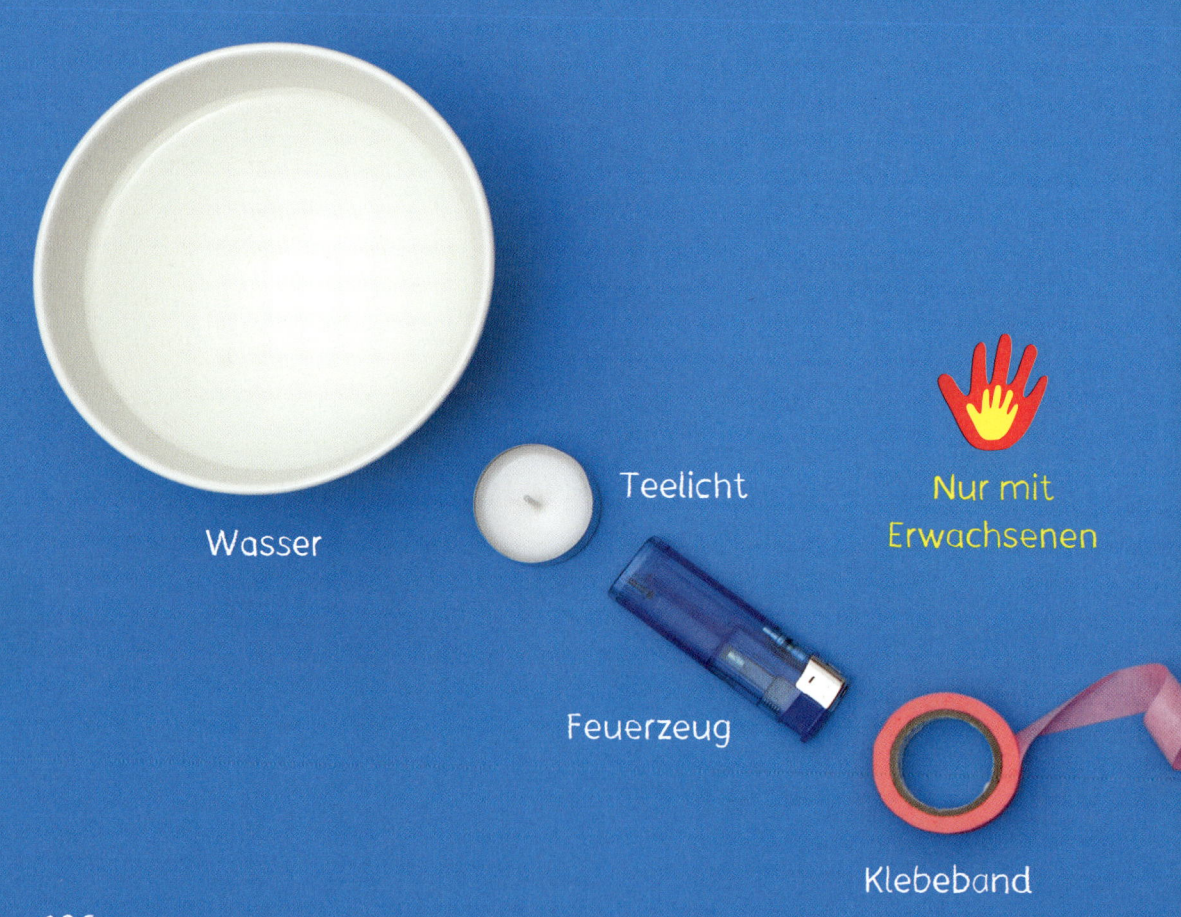

Wasser

Teelicht

Feuerzeug

Nur mit Erwachsenen

Klebeband

Holzbrett

ausgepustetes Ei

5 Nägel

Styroporplatte

Messer

Das kochende
Wasser verdampft.

Dieses Loch muss mit
einem Klebeband dicht
verschlossen werden.

Die Kerze erhitzt das
Wasser im Ei.

Der spitze Bug
schneidet wie ein Keil
durchs Wasser.

Der Wasserdampf wird aus dem hinteren Loch in der Schale gepresst. Dadurch entsteht eine Gegenkraft, die das Schiff nach vorne fahren lässt.

Bug

1. Schneide dein Boot in eine Form, die mit einem spitzen Bug leicht das Wasser zerteilen kann. Schnitze in die Mitte eine kleine Mulde für das Teelicht.

2. Setze das Teelicht in die Mulde. Dann stecke die Nägel rundum schräg in das Styropor. Wichtig ist, dass die Köpfe etwa zwei Zentimeter höher sind als der Rand des Teelichts.

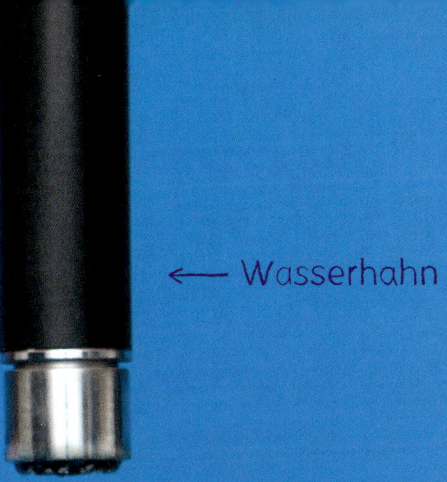

Wasserhahn

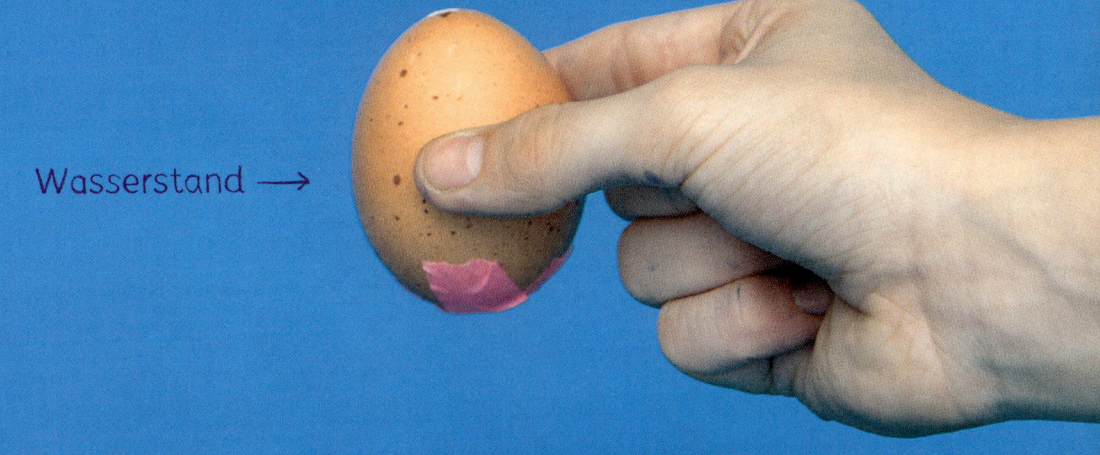

Wasserstand →

3. Klebe bei deinem ausgepusteten
Ei ein Loch zu. Fülle es durch das
obere Loch etwa zur Hälfte mit
Wasser. Zünde das Teelicht an.
Lege das Ei vorsichtig auf die Nägel.
Dann kommt das Boot ins Wasser.
Wenn das Wasser im Ei zu kochen
beginnt, fährt das Boot los.

„Wie schmeckt Eis aus der Tube?"

Antonia, 6 Jahre

Das brauchst du, um aus Saft Eis zu machen:

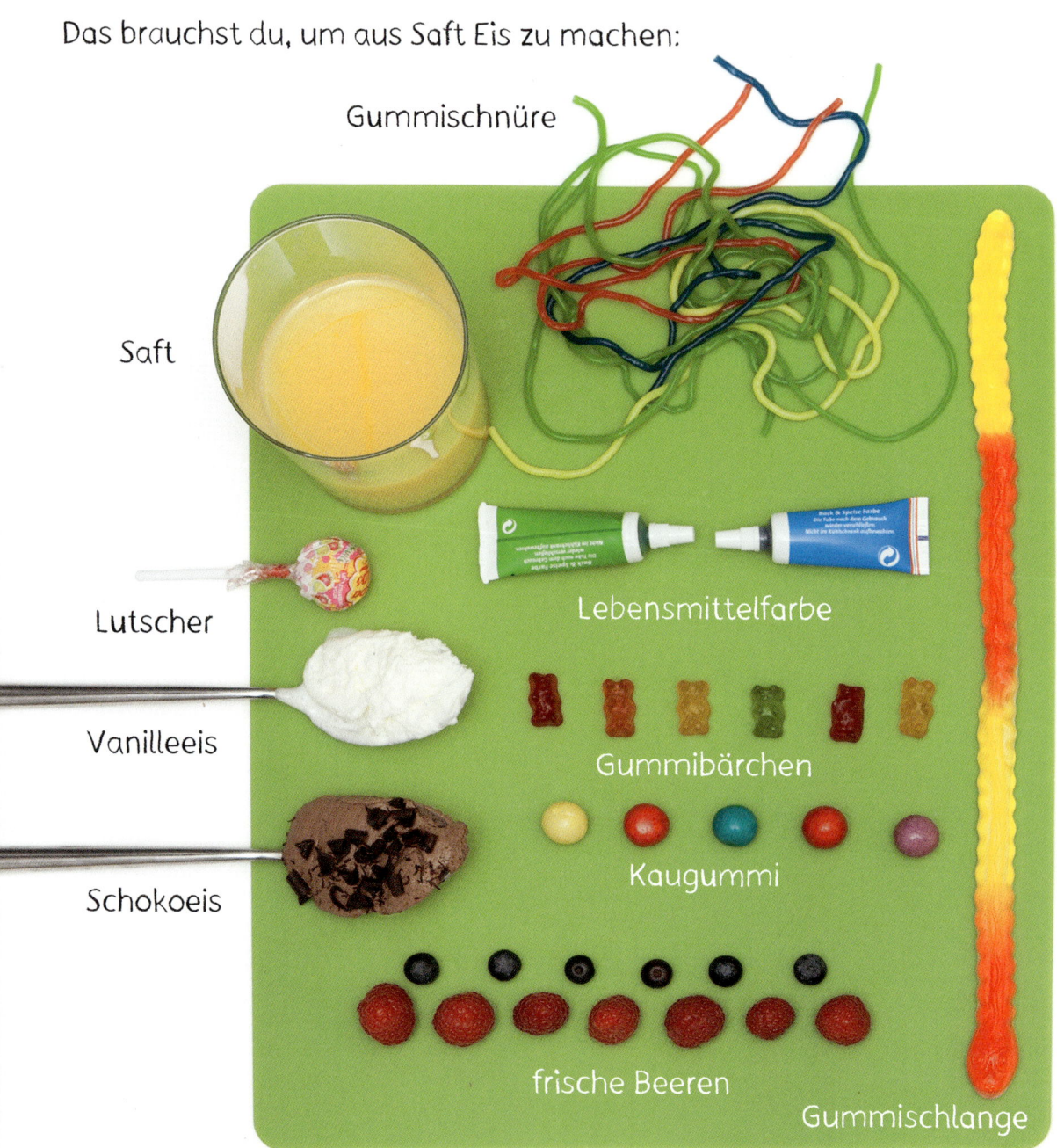

Gummischnüre

Saft

Lutscher

Vanilleeis

Schokoeis

Lebensmittelfarbe

Gummibärchen

Kaugummi

frische Beeren

Gummischlange

Klebeband

Holzstäbe

Messer

leere Behälter

Limonade

119

So geht's:

1. Für Eisbehälter leere Verpackungen auseinanderschneiden und neu zusammenkleben.

2. Oder kleine Flaschen halbieren.

5. Eis für Genießer: Beeren zum Vanilleeis geben und sofort wieder gefrieren. Das Eis darf dabei nicht flüssig werden!

6. Auch toll: Vanilleeis blau färben. Holzstab in die Mitte stecken. Dann sofort zurück ins Kühlfach damit.

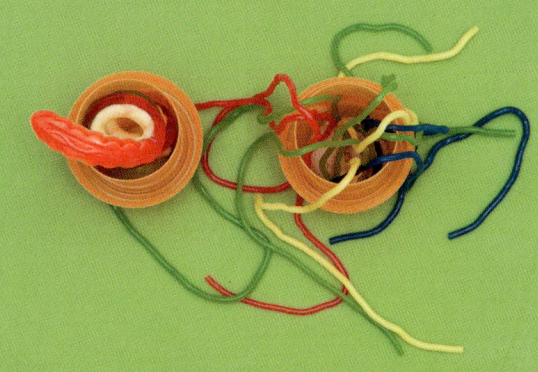

3. Eis: Gummibärchen oder Himbeeren mit Zitronenlimo. Mix zusammen, was Spaß macht. Wenn du Schicht für Schicht das Eis gefrierst, ergibt das lustige Streifen.

4. Unbedingt ausprobieren: Gummischnüre in den Behälter geben. Dann mit Saft auffüllen.

7. Fertig!

121

„Wie baue ich einen Roboter aus Schrott?"

Lenn, 10 Jahre

Blink! ⎯⎯⎯⎯⎯⎯

Das brauchst du für einen Schrott-Roboter:

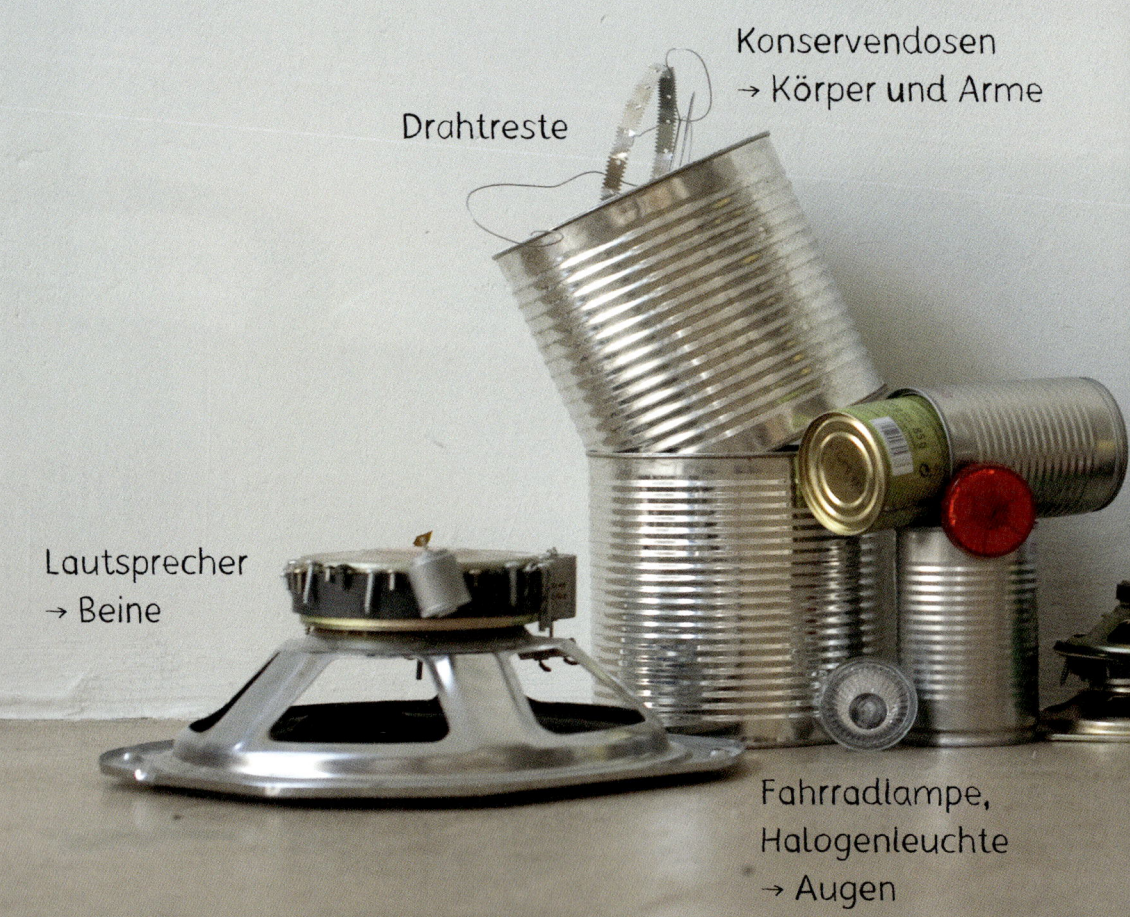

Konservendosen
→ Körper und Arme

Drahtreste

Lautsprecher
→ Beine

Fahrradlampe,
Halogenleuchte
→ Augen

Plastikverpackungen
→ Werkzeug

Knete

Heißkleber

Plastikdeckel
→ Schaltknöpfe

Klebeband

So geht's:

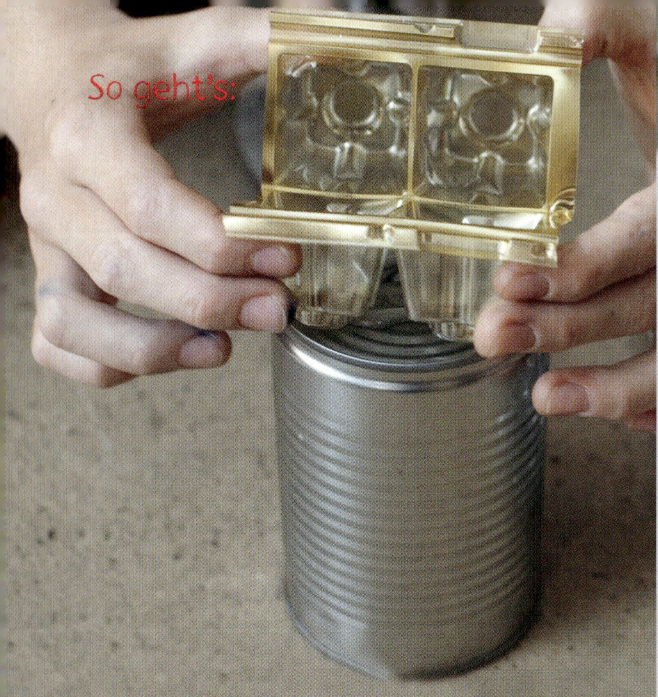

1. Material ausprobieren: Was passt gut zusammen?

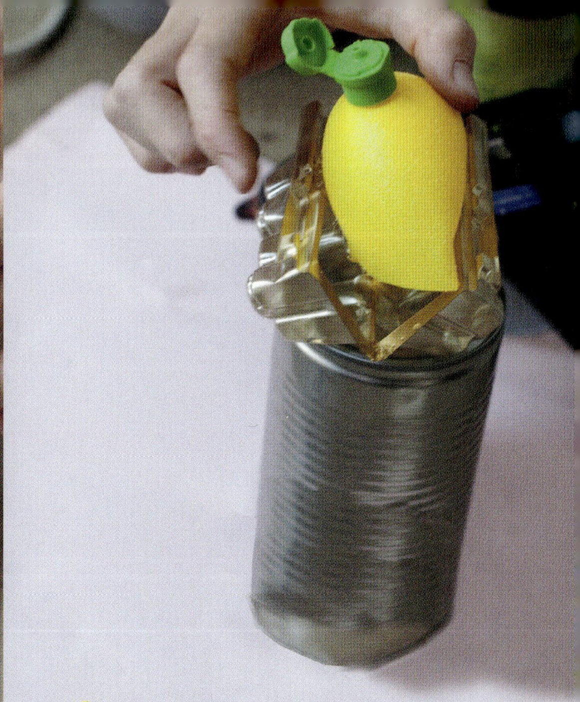

2. Für einen Roboter sind Greifwerkzeuge wichtig.

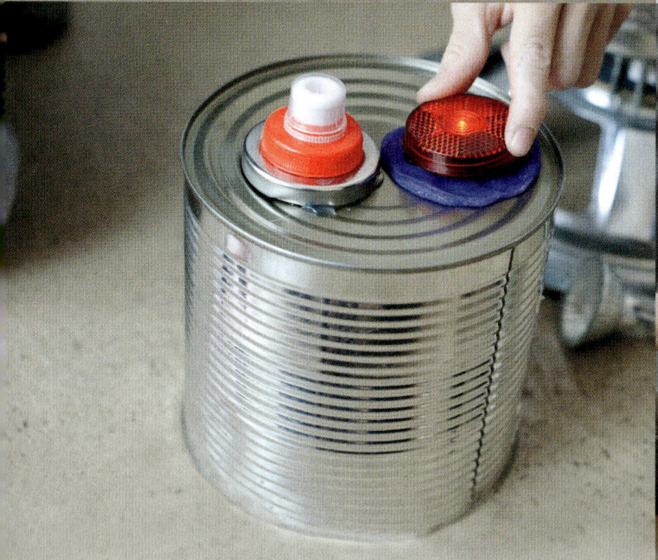

5. Die Fahrradlampe kann man zum An- und Ausmachen abnehmen.

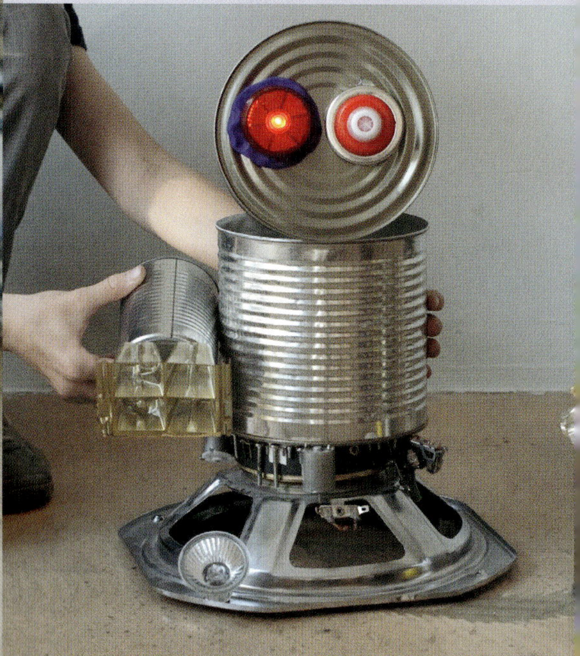

6. Kleine Konservendosen eignen sich als Arme.

3. Metall- und Plastikteile mit Heißkleber festkleben. (Vorsicht: Metall wird heiß!)

4. Empfindliche Dinge mit Knete befestigen.

7. Noch eine Antenne ankleben.

129

„Wie schmecken Regenwürmer?"

Levin, 11 Jahre

Das brauchst du für köstliche Regenwürmer:

etwa 30 Trinkhalme mit Knick

1 hohes,
schmales
Glas

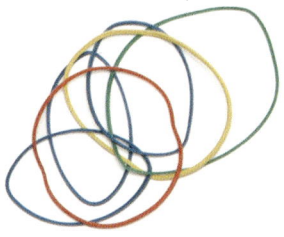

Gummibänder

Schneebesen

Messbecher mit
400 ml Wasser

blaue Lebensmittelfarbe

1 Paket Götterspeise
zum Selbstmachen

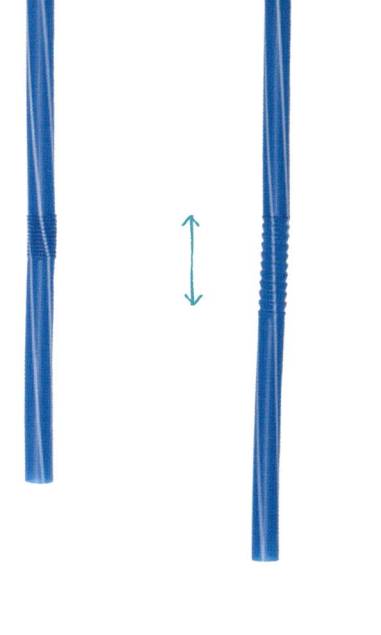

1. Trinkhalme
auseinanderziehen.

2. Dann mit Gummibändern
umwickeln und ins Glas stellen.

Nur mit Erwachsenen

4. Die fertige
Flüssigkeit
in die Halme
gießen.
Dann ab
in den
Kühlschrank
damit!

3. Götterspeise nach Anweisung
auf der Packung kochen.

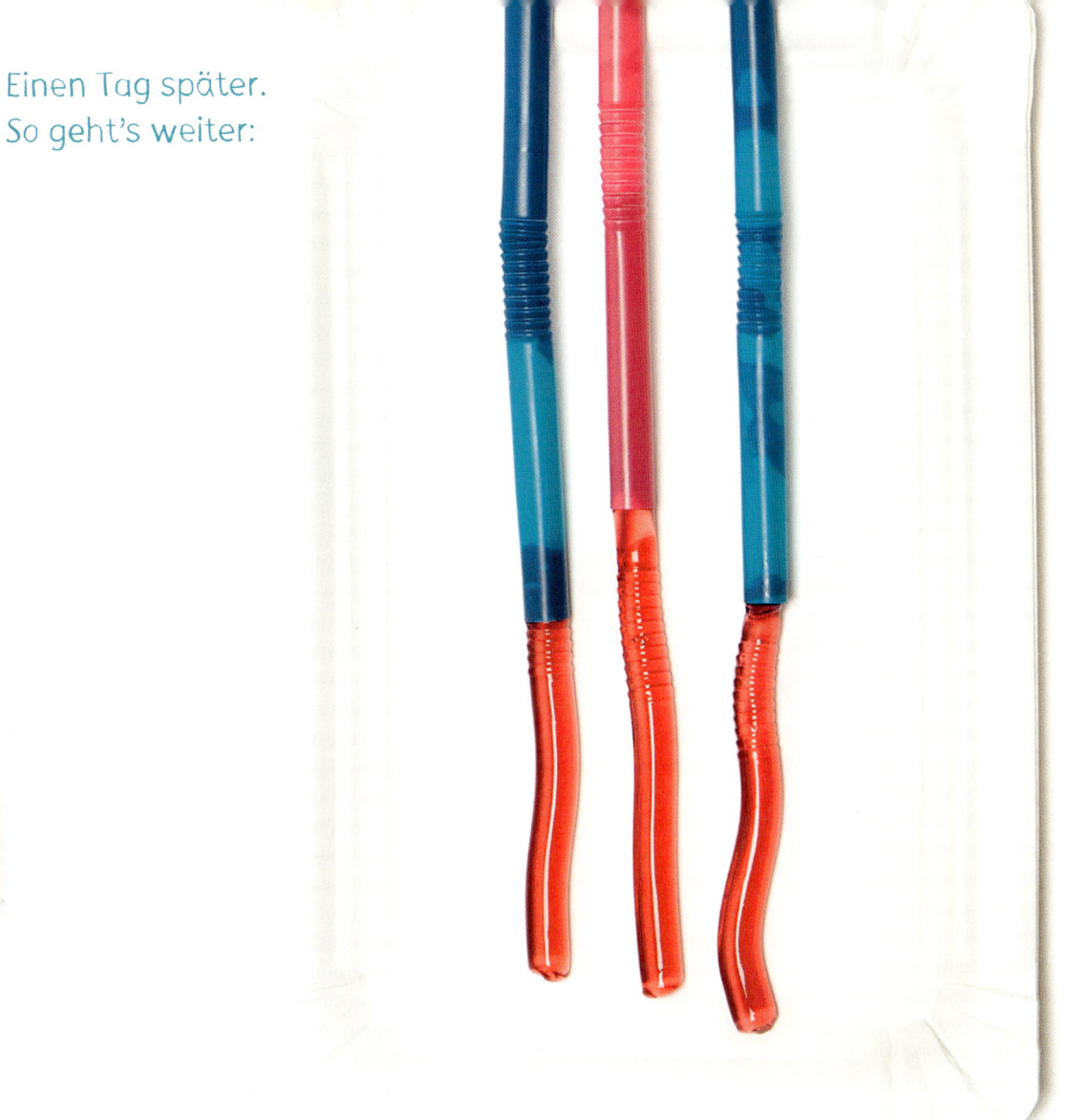

5. Glibberwürmer aus den Trinkhalmen drücken. Am oberen Ende anfangen, den Halm mit Zeigefinger und Daumen zusammendrücken und die Würmer vorsichtig rausschieben.

137

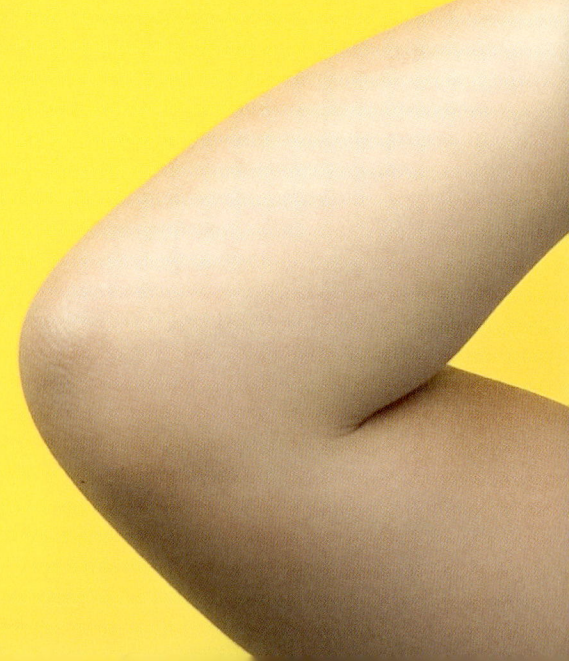

„Wie treibt Sonnenenergie eine Turbine an?"

Felicia, 9 Jahre

Das Rad
dreht sich.

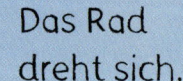

Das schwarze
Papier nimmt
Sonnenwärme
auf. In der
Flasche wird es
immer wärmer.

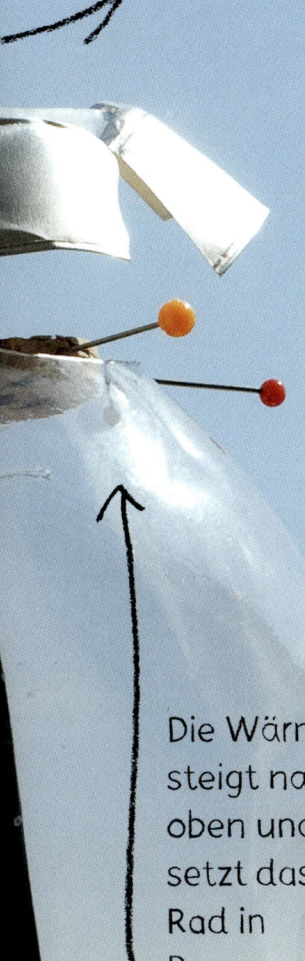

Die Wärme steigt nach oben und setzt das Rad in Bewegung.

Das brauchst du für eine Solar-Turbine:

Korken

Teelichthülle

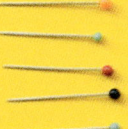

5 Stecknadeln

Taschenmesser

Schere

1,5-Liter-Plastikflasche

1 Stück schwarzer
Fotokarton

1. Die Flaschenöffnung abschneiden. Das geht am besten mit dem Messer.

2. Oberhalb des Bodens einen etwa 2 cm hohen und 6 cm breiten Schlitz in die Flasche schneiden.

5. Eine Scheibe vom Korken abschneiden.

144

6. Vier Nadeln wie auf dem Foto in die Korkscheibe piksen. Die fünfte Nadel in die Mitte der Korkscheibe piksen und auf die Flasche legen.

3. Das Stück Plastik mit der Schere abschneiden.

4. Den schwarzen Karton durch den Schlitz in die Flasche schieben.

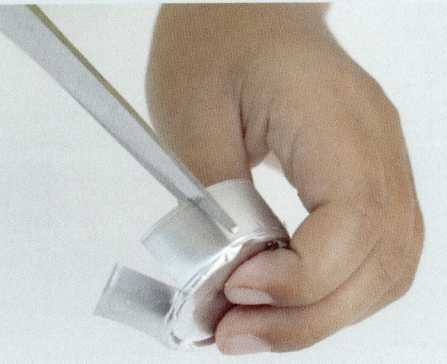

7. Die Teelichthülle mehrmals einschneiden. Metallstreifen etwas nach außen biegen.

8. Die Flasche direkt in die Sonne oder auf eine sonnige Fensterbank stellen. Die Hülle auf die hochstehende Nadel setzen.

„Wie mache ich Wolken in einer Flasche?"

Michel, 7 Jahre

Gut zu wissen: Wolken entstehen, indem sich ganz kleine Wassertröpfchen an Schwebeteilchen (Aerosole) hängen. Wenn eine Wolke zu voll und schwer geworden ist, regnet es.

leichte Wolke

Aerosole

11.000 Meter Höhe

Hier oben kühlt die Luft den Wasserdampf ab. Es bilden sich winzige Tropfen.

Erdoberfläche

schwere, volle Wolke

149

zur Hälfte
mit Wasser
füllen

kleine Plastikflasche mit Deckel

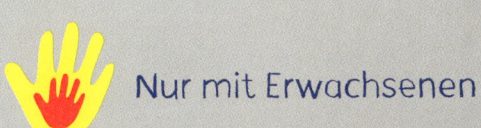 Nur mit Erwachsenen

Streichhölzer

151

1. Wirf ein brennendes Streichholz in die offene Flasche. Das Streichholz erlischt.

2. Dreh blitzschnell den Deckel zu und drücke die Flasche ein paar Mal fest zusammen.

3. Rauchteilchen und Wasserdampf verbinden sich zu einer Wolke*.

4. Öffne den Deckel und drücke die fertige Wolke heraus.

*Feine Rauch-, Staub- und andere Teilchen befinden sich überall in der Luft. Sie heißen Aerosole. Um diese Aerosole sammeln sich die Wassertröpfchen und werden **zu Wolken**.

... mit der Buchreihe
Forschen, Bauen, Staunen von A bis Z*
von tinkerbrain
26 Buchstaben, 26 Bücher,
26-mal mehr von der Welt verstehen
Plus Gratis-App: Wörterfresser Lesen
und Rechtschreiben von A-Z

* Ausgezeichnet
mit dem Preis der
Stiftung Buchkunst

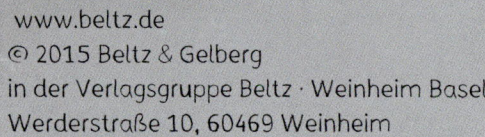

WER HAT'S GEMACHT ?

www.beltz.de
© 2015 Beltz & Gelberg
in der Verlagsgruppe Beltz · Weinheim Basel
Werderstraße 10, 60469 Weinheim

tinkerbrain* sind
Anke M. Leitzgen und Gesine Grotrian
www.tinkerbrain.de

Idee, Konzept und Text:
Anke M. Leitzgen
Gestaltung: Gesine Grotrian
Fotografie: Thekla Ehling,
Gesine Grotrian, Anke M. Leitzgen,
Petra Stockhausen
Mitarbeit: Anne Lachmuth
Reinzeichnung: Tine Breuer

Gesamtherstellung: Beltz Bad
Langensalza GmbH, Bad Langensalza
Printed in Germany
ISBN 978-3-407-75409-7
1 2 3 4 5   19 18 17 16 15

Oskar

Ken

Loan

Rechtenachweis

Die Experimente sind aus Bänden der folgenden Reihe entnommen:
tinkerbrain/Anke M. Leitzgen/Gesine Grotrian: Forschen, Bauen, Staunen
von A bis Z (26 Bände), © 2014 Beltz & Gelberg in der Verlagsgruppe Beltz ·
Weinheim Basel

Seite 10-17: Farbe (Seite 14-21); Seite 18-25: Körper (Seite 24-31); Seite 26-33: XXL
(Seite 24-31); Seite 34-41: Jupiter (Seite 44-51); Seite 42-49: Bauen (Seite 44-51);
Seite 58-65: 3D (Seite 34-41); Seite 66-73: Nacht (Seite 4-11); Seite 74-81: Ozean
(Seite 34-41); Seite 82-89: Comic (Seite 14-21); Seite 90-97: Pappe (Seite 24-31);
Seite 98-105: Müll (Seite 4-11); Seite 106-113: Technik (Seite 4-11); Seite 114-121:
Quatsch (Seite 44-51); Seite 122-129: Roboter (Seite 4-11); Seite 130-137: Gruseln
(Seite 24-31); Seite 138-145: Sonne (Seite 24-31); Seite 146-153: Wetter (Seite 24-31)

Dank an Felix Broede für die Fotografien auf der Straße.

*tinkerbrain ist englisch. „tinker"
bedeutet: Sachen selber machen.
Und „brain" heißt Gehirn oder
schlauer Kopf. Und was kommt
dabei heraus, wenn schlaue Kinder-
köpfe Sachen selber machen?
Eine Menge tolles Zeug! Alle Ideen
im Buch haben den tinkerbrain-Test
bestanden. Falls doch etwas nicht
gleich auf Anhieb funktioniert, lohnt
es sich dranzubleiben. Dann klappt's
garantiert!

Anna

Pola

Gwenael

Wamilika

Mai